AF349520

PERSONNAGES.

Un Maréchal de l'Empire français.
Un Prince autrichien, feld-maréchal.
Deux Généraux français.
Deux Généraux autrichiens.
Un Adjudant-Commandant français.
Un Ajudant-Général antrichien.
Plusieurs Aides-de-Camp des deux Nations.
Un Général anglais.
Officiers anglais.
Hébé, Déesse de la Jeunesse.
Minerve.
Les Graces.
Les Muses.
Mars.
Apollon.
Jupiter.
Junon.
Neptune.
Pluton.
La Discorde.
L'Envie.
Dieux et Déesses du second ordre.
Suite de la Discorde et de l'Envie.
Armée française.
Armée autrichienne.
Peuple français.
Peuple autrichien.
Armée anglaise.

La scène est en Autriche.

LE GÉNIE DE LA PAIX,

OU

LA FRANCE ET L'AUTRICHE

REUNIES,

Fête - Pantomime Militaire et Allégorique.

DECORATION.

Le Théâtre représente une Campagne ; dans le fond des Montagnes ; à droite et à gauche, plusieurs maisons isolées.

PROGRAMME.

La trompette a sonné ; les tambours appellent

les braves aux champs de Mars ; deux corps Français et Autrichiens sont en présence ; les armes
s'apprêtent ; l'airain meurtrier va tonner ; la lice
sanglante des combats est prête à se rouvrir.

Un Aide - de - Camp français arrive au grand
galop, accompagné par un Adjudant d'Autriche:
ils apportent l'heureuse nouvelle de la Paix : Na-
poléon, aussi généreux après la Victoire, qu'il
est grand dans les combats, vient de désigner le
repos de l'Europe.

Soudain les deux Armées mettent bas les armes ; les soldats versent des larmes de joie ; ils
étaient prêts à s'égorger ; ils s'embrassent ; les
ennemis sont devenus des frères. Les soldats
quittent leurs rangs, ils se mêlent : Français
Autrichiens, tous ne font plus qu'une même
famille, et les Généraux imitent ce touchant
exemple en se donnant réciproquement les
marques de la plus parfaite estime et d'une
amitié sincère.

Les bons villageois autrichiens portant sur
leur phisionomie l'expression de la joie, dressent
des tables, apportent du vin, et offrent de bon
cœur aux braves des deux Nations, tout ce qu'ils
possèdent.

Cependant, au premier signal de la Paix, la
Discorde et l'Envie ont fui aux Rives d'Albion ;
elles en reviennent bientôt avec de nouveaux
projets de guerre.

Tandis que les armées Françaises et Autrichiennes
réunies, se livrent aux plaisirs, les deux infer-

nales Divinités paraissent au milieu des Braves ; elles sont déguisées ; elles offrent de tous côtés une liqueur perfide qu'elles prodiguent, dans l'espérance de parvenir bientôt, au milieu de l'yvresse, à rompre le bon accord dout l'image fait leur désespoir.

Minerve soupçonne la trahison et surveille les traîtres.

Elle descend des montagnes, déguisée ainsi que les Guerriers de sa suite : elle s'approche de la Discorde et de l'Envie et les démasque.

Les odieuses Déesses veulent se jeter sur Minerve qu'elles ne reconnaissent pas encore : celle-ci découvre son bouclier : la tête Méduse force ces Divinités infernales de s'enfuir en désordre.

Minerve se montre aux soldats français et autrichiens ; ils tombent à ses pieds ; elle les relève avec bonté, et leur fait prêter le serment de s'unir pour marcher sous son égide et combattre l'ennemi commun.

En ce moment la Discorde étant retournée vers Albion, on ramène l'élite des Guerriers insulaires ; les soutiens du Léopard sont bientôt en bataille en présence des deux Aigles réunis.

Le combat s'engage : Minerve donne l'exemple en mettant en fuite la Discorde et ses Démons.

Un feu de peloton, bien nourri, vomit la mort

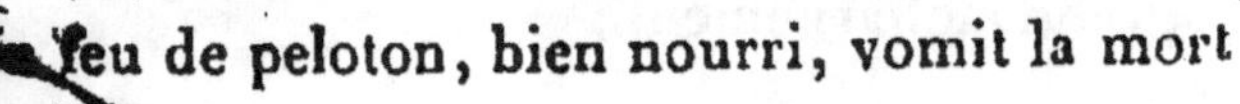

sur les deux lignes. Elles s'ébranlent bientôt au pas de charge. Les Anglais battent en retraite.

Une scène touchante succède à cette scène de désordre et d'horreur. Les bons paysans et leurs femmes accourent sur le champ de bataille; ils relèvent les blessés, ils leur prodiguent les soins les plus généreux, ils les transportent dans leurs maisons, et la sainte humanité ne fait aucune distinction entre les amis et les ennemis.

A peine ont-ils rempli ce noble devoir, la trompette sonne de nouveau : deux corps de cavalerie française et anglaise s'attaquent, se mêlent, se culbutent, et disparaissent bientôt au milieu des tourbillons de feu et de poussière.

La Discorde et L'Envie saisissent cet instant : elles reparaissent, furieuses d'avoir été vaincues par Minerve. Elles agitent leurs torches; et dans leur aveugle rage, elles ordonnent à leurs Démons de mettre le feu aux maisons qui servent d'asile aux malheureux blessés.

Les Démons obéissent; les maisons sont incendiées; les deux atroces Divinités fuient de nouveau et pour toujours, poursuivies par Minerve et ses divines Guerrières.

Alors le bruit des combats se rapproche; plusieurs tirailleurs paraissent parmi les arbres, s'attaquent le sabre à la main, et dans ces luttes particulières, tous semblant défendre leur propre cause, combattent corps à corps avec le plus grand acharnement.

Après ces groupes de détail, un plus grand tableau se déroule : les armées sont en présence, l'instant de la crise approche, et dans ce choc de géants, le maître des destinées humaines va prononcer, en désignant celui auquel appartiendra l'Empire du Monde.

Les Anglais, les Français et les Autrichiens, après quelques manœuvres, forment trois carrés. Un feu de file épouvantable semble faire de chaque bataillon une forteresse enflammée.

La cavalerie anglaise veut entamer les Autrichiens et les Français : tous ses efforts viennent échouer aux pieds des formidables bataillons. La cavalerie française s'avance avec sa bravoure imperturbable et son impétuosité accoutumée : elle renverse le carré anglais.

Dès ce moment, l'ennemi sur tous les points est en déroute; le Léopard fuit, et les deux Aigles s'attachent à sa poursuite. Bientôt des champs de victoire annoncent les triomphes du Continent; la Discorde en frémit, et se replonge dans les enfers.

Une marche triomphale et pompeuse ramène les armées de France et d'Autriche. Minerve, sur un char traîné par des chevaux blancs, est au milieu des bataillons, et les dirige. Tous les Dieux paraissent ensuite. Il s'agit désormais d'unir les deux nations par un nœud indissoluble : les Dieux, protecteurs des Cieux et de la Terre, ont voulu tous assister à cette auguste alliance.

Dès qu'ils ont pris leurs places, une jeune Princesse charmante, sous les traits d'Hébé, paraît sur un groupe de nuages : elle est entourée des Muses et des Grâces.

Minerve la désigne comme l'heureuse épouse du Dieu de la guerre, choisie dès long-tems par le destin pour assurer la paix du monde.

Le feu sacré s'allume sur un autel ; Mars reçoit la main d'Hébé, sous l'égide protectrice de Minerve. A cet aspect, les peuples et les guerriers s'inclinent avec vénération. Les Dieux et les Déesses ornent l'auguste épouse de leurs divers attribus : Vénus lui offre sa ceinture ; Minerve son bouclier ; Apollon sa lyre.

Tout-à-coup le temple de l'immortalité s'élève dans les airs ; un feu brillant l'éclaire de toutes parts. Sous ces portiques lumineux, on distingue d'un côté le portrait de MARIE-LOUISE ; de l'autre, celui de NAPOLÉON-LE-GRAND, unis par le Génie de la paix. Les armes de France et d'Autriche sont groupées sur le frontispice du temple.

Le tambour bat, la trompette sonne, l'airain gronde ; les Dieux et les Déesses formant divers groupes variés, indiquent ce magnifique spectacle aux guerriers et aux peuples qui se mêlent avec ivresse, et témoignent leur joie par des manœuvres rapides et légères, terminées par un tableau général.

FIN.

PROGRAMME

DES

Jeux, Spectacles, Concerts, Récréations, Divertissemens, Ascensions et Exercices de corde tendue, Voltige, Expériences de Physique amusante, Scènes bouffonnes, etc.; exécutés aux Champs–Elysées, le 2 Avril 1810, à l'occasion du Mariage de S. M. L'Empereur.

L'Explication de la Fête-Pantomime militaire et allégorique représentée à ce sujet sur le grand Théâtre des Champs-Elysées, par la Troupe du Cirque Olympique de MM. Franconi.

L'indication de l'emplacement de chaque Jeux, et de l'heure à laquelle ils seront en activité.

PRIX : 20 centimes.

PROGRAMME

DES JEUX, SPECTACLES, CONCERTS, EXERCICES DE CORDE, etc.

Exécutés aux Champs - Elysées, le 2 Avril 1810, à l'occasion du Mariage de S. M. l'Empereur.

(A 2 heures, tous les Jeux seront en activité.)

CARRÉ DES JEUX.

Théâtre des Sauteurs et force d'Hercule.
Idem. Danseurs de corde, Voltige sur la corde.
Théâtre du Spectacle de M. *Olivier.*
Théâtre des vues pittoresques et mécaniques et Fantoccinis de M. *Dupont.*
Théâtre des Ombres impalpables.

8 Jeux de Bagues.
2 Tappe-culs.
2 Casse-cou.
1 Oiseau égyptien.
2 Mats de Cocagne.
2 Jeux du dragon.
6 Orchestres de danse.
1 Orchestre d'harmonie, composée de 180 musiciens.

PROGRAMME DU CONCERT.

1°. Ouverture et entr'acte d'Henri IV.
2°. Air des Africains.
3°. Walse de la reine de Prusse.
4°. Bataille d'Austerlitz, de M. *Guébaüer.*
5°. Ouverture en pot-pourri de *Bévard.*
6°. *Idem.* de Titus.
7°. *Idem.* de la Caravanne.
8°. *Idem.* de M. *Catel.*
9°. Bataille de Friedland, de M. *Frichs.*

Troupes de Chanteurs, composées de :

M. *Déville*, pensionnaire de l'Académie Impériale de Musique;

MM. Mayer et son épouse;

Un Italien.

Scènes bouffonnes par le *Grimacier* de Ferrare.

Musique ambulante de *Logier*.

25 Chanteurs chantant les chansons du Gouvernement.

1 Troupe de Savoyards avec leurs musettes.

———

A 6 et à 8 heures.

Ascension de corde tendue par madame *Forioso*.

Musique ambulante et fanfare.

———

CARRÉ MARIGNI.

Théâtre des Sauteurs.

Idem, Danseurs de corde.

Théâtre du spectacle de M. Préjean.

Théâtre de M. *Lauranzo-Frederici*.

Théâtre de M. Séraphin, composé de Fantoccinis italiens.

Feux Pyriques et Ombres chinoises.
1 Mat de Cocagne.
1 Mat de Dragon.
4 Jeux de Bagues.
3 Orchestres.
Scènes bouffonnes par le *Grimacier Frantisé*
Castalet, ou Marionnettes à coups de bâ-
ton, avec Ombres chinoises.
2 Tappeculs.
2 Musiques ambulantes avec Chanteurs,
troupe de Savoyards avec leurs Musettes.
Chanteurs, chantans les chansons du Gouvernement.

____

A 6 et à 8 heures,

Ascension à corde tendue, par M. Godeau
jeune.
Musique ambulante.

____

CARRÉ DE LA POMPE ou le Doyen.

2 Orchestres de Contredanses.
2 Jeux de bagues.
1 Tappe-cul.

1 Casse-cou.
1 Balançoire.
Musique ambulante.
Chanteurs du Gouvernement.

CARRÉ DE LAITERIE, ou Café
des Ambassadeurs.

3 Orchestres de danse.
2 Jeux de Bagues.
1 Tappe-cul.
Musique.
Chanteurs du Gouvernement.
Musique et Chanteurs.

CARRÉ DE L'ÉLYSÉE BOURBON.

3 Jeux de Bagues.
Musique.
Fanfares.